AF359096

LE PARFAIT

CONNAISSEUR

10,099 — Abbeville, Imp. R. Housse, rue Saint-Gilles 106

LE PARFAIT

CONNAISSEUR

OU

L'ART DE DEVENIR UN CRITIQUE D'ART

EN DEUX HEURES

Imité de l'allemand

PAR N. MARTIN

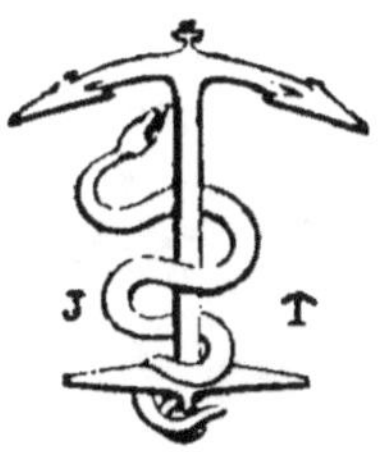

PARIS

JULES TARDIEU, ÉDITEUR

13, RUE DE TOURNON, 13

1861

LE PARFAIT CONNAISSEUR

I

Prolégomènes

L'art est par excellence un plaisir intelligent. Mais le plaisir n'arrive pas toujours à l'état spontané, et l'homme, qui est condamné à tout apprendre, doit même apprendre à jouir. Sans doute les quilles, le whist, etc., sont des amusements importants ; mais il est indispensable d'en connaître les procédés ; — de même en matière d'art. — Ce n'est qu'à la condition d'avoir appris à en jouir qu'on y devient réellement connaisseur ; et de même que les quilles, le whist, etc., sont le domaine de ceux qui savent tous les secrets, toutes les combinaisons de ces jeux, de même l'art ne peut être le domaine que du véritable connaisseur. Et puisque la connaissance de l'art est incomparablement plus difficile que le jeu de quilles et même que le whist, je ne croirai pas avoir perdu ma peine si, au moyen du présent essai, je parviens à faire de mes chers concitoyens autant de connaisseurs consommés en fait d'art.

Plus d'un, je le sais, a regretté amèrement son manque de compétence, lors de nos précédentes expositions de peinture. On se glissait d'un pas timide et inquiet dans ces salles ornées de si magnifiques cadres. On avait la prétention d'avoir reçu l'éducation la plus soignée, et l'on ne pouvait dès lors s'abstenir d'exprimer son avis. On se sentait vraiment du goût pour le tableau accroché dans ce coin, près du plafond; mais comment une toile reléguée si haut pourrait-elle être bonne? Cet autre tableau a été placé au-dessous, dans un jour favorable; cette peinture n'est certainement pas mauvaise. On se garde pourtant bien de formuler un jugement, car il ne serait pas impossible qu'un connaisseur se trouvât par hasard à proximité, et alors quelle honte !

C'est à ces natures incertaines que mon petit livre doit venir en aide. Quiconque l'aura lu avec intelligence, quiconque en aura bien retenu les définitions, pourra se mêler sans crainte au groupe des connaisseurs et répéter fièrement le fameux : *Anch'io!*

A la précédente exposition, la plupart des spectateurs se contentaient, pour rendre leurs impressions, d'emprunter au répertoire de la vie usuelle ces qualifications banales : bon, mauvais, beau, laid. Et il est juste de reconnaître qu'ils n'avaient pas la prétention de formuler ainsi un jugement; ils exprimaient innocemment ce qu'ils croyaient sentir, voilà tout. Car la plupart des hommes, on pourrait dire presque tous les hommes, ont la détestable manie de juger d'une chose d'après l'impression qu'ils en ressentent. S'ils disent, par exemple :

« Ce tableau est bon ! » et qu’on leur demande sur quoi se fonde leur opinion, le plus grand nombre ne pourront, pas plus que Falstaff, déduire leurs motifs, ou, s’ils trouvent une raison, ce sera celle-ci : « Ce tableau est beau parce qu’il me plaît. » Vienne un autre spectateur à qui, au contraire, ce même tableau déplaise, il aura les mêmes raisons de le proclamer mauvais, et la malheureuse toile finira par ne plus savoir à quoi s’en tenir sur sa valeur réelle.

Il importe de ne pas oublier que ce qui plaît à l’un déplaît souvent à l’autre ; mais s’il est réellement bon, un tableau ne saurait être en même temps mauvais. Aussi le véritable connaisseur se gardera-t-il bien de n’asseoir son jugement que sur son impression personnelle ; il cherchera dans le tableau même, dans le tableau seul, les motifs de ce jugement.

C’est ainsi que le véritable connaisseur foulera aux pieds ses impressions pour n’écouter que la critique raisonneuse ; si bien qu’à force de sacrifier au raisonnement ses impressions, il arrivera à ne plus rien sentir, mais à critiquer partout et toujours, ce qui distingue le connaisseur consommé.

Le connaisseur consommé ne met pas sa joie dans la contemplation de l'art; il y est bien indifférent; il n'aime l'art qu'à titre de matière à critique; l'art, selon lui, n'a de valeur que parce qu'il fournit au véritable connaisseur l'occasion de critiquer. Sentir est une stupidité. Les animaux aussi éprouvent des sensations, mais la faculté critique leur manque. Le premier paysan venu est capable de sentir : demandez-lui si les coups font mal, il saura vous répondre; mais pour démontrer, par le raisonnement et la critique, pourquoi les coups font mal, il faut nécessairement être parvenu à un degré de culture très-supérieur. En résumé, la sensibilité, l'impressionnabilité sont les seules causes de tout le mal qui arrive ici-bas. Si l'homme n'en était pas si souvent la dupe, s'il n'obéissait, au contraire, qu'à une inflexible, à une inébranlable critique, le monde éviterait bon nombre de sottises et serait bien plus heureux.

J'ai l'espoir que ce petit livre, s'il ne doit pas rendre le monde meilleur, élargira du moins le cercle des connaisseurs véritables. Ce ne sera pas ma faute si tous les vieux monopoles de la science ne volent immédiatement en poussière, et si cette collection de sots, que l'on a l'habitude d'appeler le public, n'est plus composée désormais que de véritables connaisseurs.

II

La plastique

L'art plastique se divise, si l'on n'y comprend pas l'architecture, qui déborderait pour le moins les étroites limites de ces pages, en deux branches principales, la statuaire et la peinture.

Je ne ferai pas au lecteur l'injure de lui donner une définition de la statuaire. Elle tire ses œuvres de matières différentes, telles que les métaux, le bois, l'argile, la cire, le stuc, le sucre, etc. Bien qu'il soit toujours possible de faire, avec n'importe quelle substance, une œuvre bonne ou mauvaise, on peut néanmoins, en général, se baser sur la matière employée à un ouvrage de sculpture, pour dire avec une certaine certitude si cet ouvrage est bon ou s'il est mauvais. Le connaisseur peut adopter à cet égard la règle suivante :

Par cela seul que de semblables ouvrages ont été exécutés en marbre, on est autorisé à présumer qu'ils ne sont pas mauvais, et dans ce cas il n'y a jamais grand danger à en faire l'éloge. S'agit-il, au contraire, d'objets en albâtre, la présomption doit être qu'ils sont médiocres. Les œuvres en stuc sont bonnes la plupart du temps, car il n'est pas d'usage de mouler des originaux sans valeur. On peut louer les ouvrages en bois, surtout quand ils sont anciens, mais avec circonspection et en ayant soin de se ménager une retraite. Quant aux ouvrages en métal (ceux d'argent exceptés), alors surtout que le temps les a consacrés, et particulièrement encore s'ils sont en bronze, il y a toujours lieu de les louer; il n'est même pas mal de laisser voir parfois devant eux un certain enthousiasme.

Les œuvres de la plastique présentent des contours arrondis, de manière à ressembler de tous côtés à la nature. Lorsqu'on les divise en deux parties égales dans leur longueur et qu'on applique ces deux moitiés sur une surface plane, chacune d'elles fait alors saillir un relief, et suivant que ce relief se détache plus ou moins de la surface plane, on l'appelle haut ou bas-relief.

De même qu'il existe une différence marquée entre l'art antique et l'art moderne, de même une différence bien plus sensible encore sépare la plastique antique et la plastique moderne, au grand désavantage de cette dernière. C'est au point qu'on a été jusqu'à dire, non sans une certaine apparence de raison, que l'art moderne (c'est-à-dire l'art chrétien) manquait absolument de plastique; en d'autres termes, que toute plastique avait disparu avec la nudité des anciens dieux. Par cela même, en effet, que l'objet nu constitue seul la plastique, et que la religion aussi bien que l'art chrétien (disons aussi

l'existence moderne) ne veulent avoir rien à dé-
mêler avec le nu, il faut bien reconnaître que
ces mots *plastique chrétienne* semblent pour
le moins fort surpris de se voir ainsi accolés.
Une sainte Vierge, par exemple, qui ne serait
pas plus vêtue que la Vénus de Médicis, passe-
rait indubitablement pour très-hétérodoxe, et
je ne pense pas que jamais sculpteur ait eu ou
puisse avoir l'idée d'en présenter une dans cette
situation. J'avoue cependant que les gens ont
parfois des inventions tout-à-fait baroques, et, à
ce titre, il ne serait pas impossible que quelque
artiste de génie en créât un jour une semblable.

Les sculpteurs du moyen-âge se sont sauvés
comme ils ont pu de ce combat entre le chris-
tianisme et la plastique; pour leurs apôtres et
pour leurs saints, ils ont trouvé de fort belles
poses, bien que ces figures ressemblent parfois
d'une manière surprenante à des sénateurs ro-
mains. Mais leurs Madones et leurs Christs sont
presque toujours insignifiants. Le sentiment
purement mystique et divin se laissait difficile-

ment, ou plutôt ne se laissait pas traduire par des formes matérielles, alors surtout que son seul signe expressif, l'œil, le regard, demeure fatalement inanimé. Le plus puissant sculpteur de l'art chrétien, Michel-Ange, a très-peu mis le sentiment chrétien dans ses statues ; il s'est de préférence appliqué, comme on l'a remarqué avec raison, à reproduire le caractère sombre, implacable de l'Ancien-Testament.

On a beaucoup parlé, beaucoup écrit, bien et mal, sur la différence essentielle qui existe entre la plastique et l'art, antiques et modernes. Schlegel a dit là-dessus des choses fort judicieuses. Dans ces pages, où il ne peut être question ni de la philosophie ni de l'histoire de l'art, on devait se borner à indiquer sommairement cette différence.

La peinture, qui, dans la plus large signification du mot, est l'art de représenter les objets sur un plan à l'aide des couleurs, la peinture a pour base le dessin, c'est-à-dire l'art de représenter sur un plan les contours des objets. Le dessin étant en quelque sorte ainsi la base de l'art tout entier, puisqu'il est également indispensable à la plastique, le connaisseur fera bien d'avoir très-fréquemment le mot de dessin dans la bouche. Ici encore, toutefois, la prudence conseille de se ménager une porte de derrière. Le dessin est en effet un art tellement hérissé de difficultés, que même un grand nombre d'artistes n'y comprennent que peu de chose et souvent rien ; et comme les signes auxquels on peut reconnaître jusqu'à quel point un tableau a été bien dessiné ne sautent pas toujours immédiatement aux yeux, il serait dangereux, en formulant son opinion sur une peinture, d'en juger trop en détail le dessin. De même que le rôti appelle la sauce, de même aussi le mot *dessin* veut être suivi du mot *correct*. Suivant qu'un peintre a plus ou moins de crédit, on parle de la correction ou de l'incorrection de son dessin.

III

Histoire et genre

La peinture est un grand arbre qui a de nombreuses branches, lesquelles s'appellent la peinture proprement dite, la gravure en taille-douce, la gravure sur bois, et enfin la lithographie. La peinture proprement dite se subdivise elle-même, suivant les procédés matériels qu'elle emploie, en différents autres arts désignés sous les noms de peinture à l'huile, peinture sur verre, peinture sur émail, aquarelle, gouache, pastel, fresques, etc., etc.

La peinture se fractionne encore, d'après la nature et le caractère des objets qu'elle représente, en peinture historique, peinture de genre, paysage, portraits, etc.

C'est le moment de faire une toute petite observation.

Les peintres qui, les premiers, ont pratiqué la peinture, n'eurent vraisemblablement jamais l'idée d'établir de telles subdivisions dans leur art. Il y a bien plutôt lieu de croire que ces distinctions plus ou moins subtiles ont été inventées par les seuls connaisseurs, pour leur commodité particulière et dans le but surtout de multiplier à plaisir les objets de leurs appréciations critiques. Quoi qu'il en soit, passons en revue ces différents genres.

En fait de peinture, la palme appartient au genre historique. Le véritable connaisseur doit afficher sans cesse le plus grand, le plus irrésistible entraînement vers ce genre privilégié, et ne jamais se lasser de déplorer la décadence des tableaux d'histoire.

Il est pour le moins très-difficile de faire une définition exacte de la peinture historique. La peinture historique, d'après l'idée qui s'attache aujourd'hui le plus généralement à la réunion de ces deux mots, est la reproduction de scènes tirées de l'histoire profane ou sacrée, sans oublier la mythologie. — Et l'on peut ajouter que cette reproduction doit, par ses dimensions, être d'une certaine grandeur.

Si bizarre que puisse paraître ce *post-scriptum* de ma définition, il n'est pas moins nécessaire, car beaucoup de tableaux sont décorés de l'épithète « historique » qui, s'ils mesuraient un certain nombre de centimètres de moins en hauteur et en largeur, réclameraient une autre classification et rentreraient, par exemple, dans la catégorie des tableaux de genre. C'est ainsi qu'une toile réprésentant une bataille, avec figures de grandeur naturelle, devra, surtout s'il s'agit d'une bataille connue et nettement précisée, être baptisée du nom de tableau d'histoire; tandis que si les figures reproduites ne dépassent pas cinq à six pouces de hauteur, ce ne sera plus qu'un tableau de genre. On tient souvent compte encore en pareil cas du but que s'est proposé l'artiste, ainsi que de l'art de l'exécution. A l'une des dernières expositions, nous avons vu deux Napoléon à cheval, l'*Ascension du Simplon* et la *Retraite de Moscou*. Le premier, qui est une copie d'après David, n'est à proprement parler qu'un portrait; mais il mérite le nom de tableau d'histoire par l'ensemble de la composition, par la grandeur des proportions, non moins que par l'exécution elle-même. La seconde toile, qui est d'Adam, — *un Cheval blanc et Napoléon*, — bien qu'on la considère à coup sûr comme exprimant la vérité historique plus exactement que ne l'a fait la peinture de David, n'est pourtant pas un tableau d'histoire ; ce n'est qu'une page hippique, un tableau de genre tout au plus.

On range d'une manière toute particulière dans la peinture historique la représentation de sujets tirés de l'histoire sainte ; mais ici il y a moins à se préoccuper de la grandeur des figures, attendu que lorsqu'il s'agit de sujets sacrés, l'exiguité des proportions ne saurait, dans aucun cas, être un motif suffisant pour les classer parmi les tableaux de genre.

A la peinture historique, il faut rattacher encore l'allégorie, et cela sans distinction de hauteur ou de largeur, puisqu'il serait vraiment impossible de la classer différemment.

Aujourd'hui que nous ne croyons plus aux objets sacrés, lesquels ont dès lors perdu l'importance qu'ils avaient autrefois dans notre vie; aujourd'hui que l'allégorie nous est devenue en quelque sorte inutile, depuis que nous ne reculons plus devant la brutalité d'appeler platement chaque chose par son nom, il faut bien reconnaître que la peinture historique n'a que faire du concours de l'allégorie.

Le peu d'attrait que nous offrent, malgré le côté pittoresque des costumes, les scènes historiques des anciens temps comme aussi le manque absolu de caractère qui marque le costume des temps modernes, telles sont les deux principales causes de la décadence actuelle de la peinture d'histoire. Convenons, au surplus, qu'on peut très-bien s'en passer, et n'ayons pas la naïveté de prendre au sérieux les airs passionnés que beaucoup de connaisseurs affichent en la regrettant. Quand quelque chose s'en va, c'est le signe que cette chose devait disparaître, parce qu'elle avait fait son temps.

Je comparerais volontiers cette aspiration tardive et malheureuse vers la peinture historique, à l'engouement qui nous avait naguère saisis pour l'épopée, pour la résurrection de l'épopée. Nous n'avons pas et ne pouvons pas avoir aujourd'hui d'épopée, parce que l'artificiel et le merveilleux (ce que je nommerai d'un seul mot la *machine*) en font nécessairement partie, et que nous ne croyons plus, je le répète, qu'à la réalité, à la vérité. C'est ainsi qu'au lieu de l'épopée nous avons le roman, au lieu de la peinture d'histoire, la peinture de genre.

Henri Heine, dans son livre intitulé *le Salon*, a inséré quelques réflexions fort judicieuses sur cette distinction entre la peinture d'histoire et la peinture de genre. C'est à l'occasion d'un

tableau de Léopold Robert. « Ce peintre, dit-il.
" se nomme Léopold Robert. Est-ce un peintre
" d'histoire ? Est-ce un peintre de genre? J'ai
" le regret de ne pouvoir pas répondre d'une
" manière satisfaisante à cette question. La dis-
" tinction entre le genre et l'histoire est si
" embarassante pour l'esprit, qu'on serait tenté
" d'en attribuer l'invention aux artistes chargés
" de décorer la tour de Babel. Dans la première
" période de l'art, la peinture d'histoire existait
" seule, notamment celle qui se chargeait de
" représenter les épisodes et faits quelconques
" de l'histoire sainte. Plus tard, cette qualifi-
" cation toute spéciale a été donnée non-seule-
" ment aux tableaux dont les sujets étaient
" tirés de la Bible, mais encore à ceux inspirés
" par la tradition légendaire, par l'histoire pro-
" fane ou par la mythologie. Quand aux repro-
" ductions de la vie commune, telles que les
" Pays-Bas en virent bientôt abondamment
" éclore sous l'influence de l'esprit protestant,
" qui, répugnant aux sujets catholiques ou my-
" thologiques proprement dits, devait tourner

" l'inspiration des peintres vers les types et les
" objets constamment placés sous leurs yeux,
" ces reproductions, dis-je, ne tardèrent pas à
" devenir autant de manifestations diverses de
" la vie ordinaire, de l'existence de chaque jour,
" autant de *genres* différents. "

La moderne peinture historique, du moins celle qui s'obstine à prendre ce nom, n'a pas une recette bien compliquée. A Paris comme à Dresde et à Berlin, on se borne à copier, un modèle vivant qu'on a soin de placer dans une belle pose, puis on lance cette étude dans le monde, après l'avoir baptisée d'un nom quelconque. Si, par exemple, le modèle est appuyé contre un pilier, on ne manque pas de lui décorer la poitrine et le ventre de quelques flèches, et on appelle le tout : Saint Sébastien. Le modèle est-il étendu sur le sol, c'est un héros rendant le dernier soupir. Les brigands, représentés endormis ou trop bien réveillés, sont également fort à la mode ; mais ici encore, ainsi d'ailleurs que dans la vie, les grands voleurs, les véritables brigands, appartiennent seuls à l'histoire : on se contente de pendre les petits au clou de la peinture de genre.

La peinture historique et la peinture de genre empiètent d'ailleurs si fréquemment sur le domaine l'une de l'autre, elles se mêlent et se confondent souvent par et sur tant de points, qu'on éprouve alors la plus grande difficulté à faire équitablement la part revenant à chacune d'elles.

Peinture de genre, tableaux de genre, morceaux de genre, que faut-il entendre par ces mots ? Une définition est surtout délicate à faire, lorsqu'elle doit exprimer les caractères distinctifs de choses qui ne diffèrent le plus souvent entre elles que par des nuances presque imperceptibles, Tel est le cas pour la peinture d'histoire, tel encore bien plus pour la peinture de genre. Aussi voyons-nous tel connaisseur désigner encore sous le nom de peinture historique ce que tel autre appelle déjà peinture de genre.

Dans nos universités, on classe sûrement les étudiants par catégories précises, selon qu'ils suivent les cours de théologie, de médecine ou de droit. Tous ceux qui n'appartiennent pas à l'une ou à l'autre de ces trois facultés, doivent être rangés dans la faculté de philosophie, qu'ils étudient la métaphysique ou l'astronomie, ou qu'ils se livrent de préférence à l'escrime ou à l'équitation. On pourrait presque dire la même chose relativement à la peinture de genre. Tout ce qui n'est ni un tableau historique, ni un portrait, ni un paysage, ni un tableau de fleurs, etc., en d'autres termes, tout ce qui ne peut pas être spécialement et nettement classé, prend le nom de tableau de genre.

C'est avec toute raison qu'on groupe sous cette dernière dénomination ces joyeuses scènes empruntées à la vie populaire, et où les maîtres flamands et hollandais, les Téniers, les Jean Steen, les Palamède, etc., ont si librement livré carrière à leur humeur particulière et individuelle. On met aussi dans la peinture de genre les combats et batailles, quand ils ont été traités dans un petit format.

IV

Paysage et Perspective

La peinture de paysage n'a pas besoin de définition; la nommer c'est la définir. Sous ce rapport, elle est dans la peinture en général ce que la musique instrumentale est dans la musique. On range dans la même famille la peinture architecturale.

Ainsi que son nom l'indique, la peinture de paysage a pour objet de reproduire des paysages, des sites; et ceux-ci sont, ou des sites qui existent réellement, et qui alors se désignent sous le nom de vues; ou des produits de la libre fantaisie du peintre.

Les vues sont aujourd'hui les enfants gâtés, les Benjamins de la peinture de paysage. Les anciens paysagistes qui se sont fait une réputation dans leur art, Claude Lorrain, le Poussin et autres, ont rarement peint des vues. Dans les derniers temps, ce qu'on appelle vues a tellement gagné de terrain, que les paysages de composition savante, qui demandent incontestablement plus d'art que de simples vues, ont été presque tout à fait écrasés. Le connaisseur doit le déplorer amèrement et insister bien haut en l'honneur des paysages de composition savante.

La véritable raison qui fait qu'il n'y a presque plus aujourd'hui que des vues, et que le paysage composé est devenu presque un mythe, c'est que dans l'art comme dans l'existence moderne, le principe de l'utile a définitivement prévalu. Bien peu de sujets sont maintenant peints pour leur mérite, pour leur charme propre; et bien peu nombreux également sont ceux que leur charme ou leur mérite propre fait admirer et acheter. Ce n'est pourtant pas en fait d'art que les principes de Jérémie Bentham peuvent être préconisés comme utiles. Une vue rencontre toujours des amateurs, un paysage composé rarement. C'est que la vue est un agréable souvenir pour qui connait le site reproduit, pour qui a visité le lieu et la place. « Dans la maison à pignon que voilà j'ai passé agréablement une nuit : il y avait une fort jolie servante dans cette maison. Mais alors les volets n'en étaient pas peints en vert comme aujourd'hui. Dans cette tour que voilà, j'ai monté un jour, en même temps que deux jeunes Anglaises aux cheveux d'or ; l'une d'elles laissa tomber son album par-dessus la balustrade de la tour. Je m'empressai d'aller le ramasser, et, pour me montrer sa reconnaissance, la mère m'invita à prendre le thé. » On peut entendre autant et plus qu'on ne veut de semblables souvenirs. Un autre à des parents ou des amis qui demeurent là, et c'est pourquoi cette vue l'intéresse. Et celui qui n'a pas encore été dans ce lieu, ni à cette place, va du moins pouvoir apprendre maintenant à connaître le pays, et développer ainsi ses notions géographiques.

A celui-ci l'achat d'une vue épargne les frais d'un voyage ; il se dit : « Ce que je pourrais avoir là en nature, je l'ai ici en peinture, ce qui me permet d'économiser les fatigues et les dépenses de la route. » D'autres, au contraire, et c'est le plus grand nombre, veulent se donner d'abord le plaisir de faire le voyage. » L'été prochain, s'il plaît à Dieu, nous prendrons aussi notre vol », dit magnifiquement le mari à sa femme. Depuis qu'on a tant vulgarisé les vues italiennes et les vues du Rhin, les voyages en Italie et sur le Rhin sont devenus incomparablement plus nombreux. Conclusion morale : Les compagnies de bateaux à vapeur et de chemins de fer ne sauraient mieux faire dans leur intérêt que de combler de cartes de circulation gratuite tous les artistes du paysage, et tous les historiens plus ou moins critiques de ce bel art.

Le peintre doit donc bien plus compter pour la vente, sur la vue que sur le paysage de composition savante, auquel font complètement défaut ces souvenirs, ces espérances, ces riants projets, etc., etc. Que nous importe, après tout, une contrée, un site, qui n'a jamais existé? Lorsque le paysage inventé est mauvais, il est dénué de toute valeur ; la vue, au contraire, même en l'absence de tout mérite d'art, conserve encore une certaine valeur dans la réalité de l'objet représenté.

Si la connaissance de la perspective est une condition essentielle de la peinture en général, elle l'est surtout en ce qui concerne la peinture de paysage. Ce qu'on a dit avec toute raison du dessin, on doit le dire à aussi bon droit de la perspective : c'est un art très-difficile ; aussi, bien peu d'artistes y comprennent-ils quelque chose; quant aux connaisseurs, ils n'y entendent absolument rien. Aussi, quand il n'existe aucun moyen d'échapper à la nécessité d'exprimer un avis à cet égard, qu'on se borne à des

généralités ; qu'on dise, par exemple, que la
perspective est très-nécessaire en peinture, et
qu'il faut se garder avec soin de toute faute, de
toute incorrection sous ce rapport. Il y a la
perspective aérienne et la perspective linéaire.
La perspective aérienne est le changement de
couleur que subissent les objets proportionnel-
lement à leur éloignement du point d'où on les
regarde. Un peintre, par exemple; qui donne-
rait à une montagne noyée dans les vapeurs de
l'horizon la même couleur qu'à la montagne
située à proximité de nos yeux, commettrait
une faute grossière contre les lois de la perspective aérienne.

Si la perspective aérienne se rapporte aux
modifications de la couleur; la perspective linéaire est relative aux changements des lignes.
La perspective linéaire, voilà une grande et
très-réelle difficulté ! Elle exige une foule de
connaissances très-positives. Le connaisseur
fera donc sagement de ne pas s'y frotter, ou de
n'y toucher que le plus légèrement possible.

En général, comme je l'ai dit plus haut, qu'il se contente de deux ou trois mots, et qu'il choisisse les expressions les plus vagues. Voici, au surplus, quelques termes techniques qu'on peut utilement placer en pareil cas : lignes horizontales, lignes verticales, point de vue, horizon, lignes droites, lignes obliques, etc., etc. Cela suffit, et quiconque sait tirer résolument de son sac ces formules toutes faites, ne peut manquer de *passer pour* un connaisseur émérite en fait de perspective.

Quant aux critiques plus sérieux, ils puiseront en quelques heures dans le beau traité de perspective de David Sutter les notions les plus précises sur cette partie essentielle et fondamentale de l'art qui malheureusement est trop souvent négligée par nos jeunes artistes.

V

Portrait, animaux, fleurs, gravures

Le portrait est incontestablement un rameau fort important de la peinture. Entre les nombreuses et diverses formes de cet art, le portrait est celle qui, de tout temps, a été le plus en faveur, et cela pour différentes raisons qui peuvent se résumer dans cette judicieuse et sentimentale observation de Sulzer ; « Le portrait est un très-puissant moyen de resserrer et de retenir les liens de la vénération et de la tendresse entre les familles ; il rappelle aux descendants les traits et la vertu des aïeux : il exerce ainsi la plus salutaire influence sur les âmes. »

Bien juger un portrait est chose difficile. Le
choix, la disposition et les rapports intimes du
sujet demeurent lettre close, puisque l'artiste
n'y est pour rien, qu'on ne saurait par consé-
quent l'en rendre responsable, et qu'il n'a pas
à en répondre. En pareille matière, le jugement
ne peut dès lors porter que sur la partie tech-
nique de l'œuvre, et ce genre de critique a
toujours ses dangers; aussi fera-t-on sagement
d'entrer le moins possible dans les détails. Le
connaisseur tournera habilement ces difficultés
en se livrant à des considérations savantes sur
les costumes plus ou moins pittoresques. Il
pourra même, serrant de plus près son sujet,
remarquer judicieusement que le costume est
souvent un écueil pour le peintre de portraits;
qu'au seizième siècle les peintres l'ont eue belle
sous ce rapport, le costume à cette époque
étant très-favorable à l'effet, et le ton noir, qui
y dominait en général, permettant de réserver
pour la tête tous les artifices gradués de la
. lumière; de nos jours, au contraire, nous nous

habillons de manière à priver le peintre de ses meilleures ressources, etc., etc. Une tirade finale sur les fracs, les manteaux et les blouses ne serait pas non plus ici déplacée.

Mais le connaisseur devra sévèrement s'interdire, à propos de portraits, ces formules toutes faites qui sont à la portée et à l'usage de tout le monde. Si on les rencontrait dans sa bouche, il risquerait fort de compromettre son caractère de haute compétence, et de passer pour un homme ordinaire. Parmi ces formules banales, je me bornerai à indiquer les suivantes : « On dirait qu'il va s'élancer hors du cadre ! — Il semble qu'il va parler ! — Son regard vous fait signe, d'où que vous l'examiniez ! » Il peut se présentr tel cas où, je dois le reconnaître, le critique se verra en quelque sorte forcé de tirer de son arsenal ces armes rouillées, mais qu'il ait bien soin alors de s'arranger de manière à les neutraliser complètement, qu'il leur mette des sourdines ; qu'il leur donne pour laisser-passer des correctifs dans le genre de

ceux-ci : « Comme on a l'habitude de dire, »
ou : « Pour employer ici une comparaison qui,
bien que vulgaire, ne manque pas d'une certaine énergie, etc. » Sa dignité restera certainement intacte, s'il dit, par exemple : « Un
délicieux portrait ! c'est le cas, ou jamais, de
répéter une fois de plus cette image peu neuve :
Ne dirait-on pas que cette figure va s'élancer
hors de son cadre ? »

Si bien juger un portrait est difficile, faire
un bon portrait ne l'est pas moins. Ce n'est pas
seulement la ressemblance extérieure que doit
nous donner un portrait, c'est l'individualité
entière, physique et morale, de l'original. Il y
a les peintres de portraits, qui font le signale-
ment de la personne, comme s'ils peignaient
en vue de la préfecture de police et pour faci-
liter la besogne de messieurs les gendarmes
apostés à la frontière. Il y a aussi, mais il y a
trop peu, les peintres qui font le portrait d'après
la méthode shakspearienne. Il va sans dire que
la foule approuve particulièrement les premiers.

Quand même le connaisseur ne les distinguerait pas, qu'il réserve son plus bel enthousiasme, du moins théorique, pour la méthode shakspearienne.

Je me bornerai à mentionner brièvement les autres divisions de la peinture, en commençant par les peintres d'animaux, qui furent d'abord si naturellement chez eux dans les Pays-Bas, et dont les descendants sont aujourd'hui goûtés partout, surtout quand ils s'occupent de chevaux.

Il y a encore une certaine peinture qui demande ses inspirations au règne végétal, au monde des plantes, et qui s'attaque de préférence aux fleurs et aux fruits. Il y a aussi celle qui se voue à la reproduction de la nature morte, celle qui groupe volontiers en pittoresques faisceaux des armes, des instruments de musique, voire tout l'appareil de son art particulier, pinceaux, brosses, palettes et chevalets! Mais cet art-manie, cet art bric-à-brac, disons-le bien vite, n'a plus guère aujourd'hui de partisans.

A la peinture appartiennent, en outre, dans une acception générale, la gravure sur cuivre, la lithographie et la gravure sur bois.

La gravure sur cuivre ou sur acier cherche, au moyen des ombres et de la lumière, à reproduire les effets de la peinture. Il faut y ranger les *eaux-fortes*, pour lesquelles le connaisseur doit afficher la plus tendre passion, surtout lorsqu'elles proviennent d'artistes célèbres, tels que les Rembrandt, les Ruysdael, les Waterloo, etc., etc., passion et tendresse qu'il aura soin d'ailleurs de proportionner au plus ou moins de rareté des œuvres de ces maîtres d'après les manuels spéciaux à consulter.

L'impression sur pierre, ou lithographie, est une invention moderne. Il convient que le connaisseur ne montre qu'une estime relativement médiocre pour cet art envisagé en lui-même, et on lui saura gré de gémir profondément et sans relâche au sujet des empiétements passés, présents et futurs, de la lithographie sur le domaine de la gravure.

La gravure sur bois, le plus ancien de ces trois arts, mérite toutes les bonnes grâces du connaisseur, qui devra d'ailleurs les réserver exclusivement pour les produits les plus vénérables des premiers siècles. Après avoir été d'abord en grande vogue, cet art a successivement perdu de sa première faveur. Unger, de Berlin, a fait, au siècle dernier, quelques louables efforts pour le remettre en honneur; mais c'est de nos jours seulement que date, en réalité, la renaissance de la gravure sur bois, grâce aux ingénieuses et persistantes tentatives des Anglais et de nos artistes français qui les ont souvent surpassés.

VI

Esthétique appliquée

Après ce rapide coup-d'œil sur le domaine de l'art dans son ensemble, j'arrive à mon véritable sujet, à ma recette pour devenir et surtout pour paraître un connaisseur émérite.

Comme je l'ai dit plus haut, il suffit de posséder une certaine phraséologie, qu'il est dès lors essentiel d'apprendre comme on apprend une langue étrangère. Il y a toutefois cette différence qu'on ne peut pas se vanter de posséder à fond une langue étrangère, l'anglais, par exemple, par cela seul qu'on s'en serait approprié la phraséologie, qu'on en aurait logé les mots dans sa mémoire; en fait d'art, au contraire, le diplôme de connaisseur s'acquiert à meilleur marché : on n'a qu'à faire sa provision de phrases; car, je le répète, la science qui nous occupe consiste uniquement en phrases. Cette provision, dans le généreux dessein de vous épargner toute fatigue, j'ai pris la peine de la faie pour vous, et vous la trouverez ci-après. Pour l'employer avec succès, il ne faut d'autre talent qu'une langue bien déliée; il n'est nullement nécessaire d'avoir une forte tête, pourvu qu'on ait un peu de mémoire; on peut même se passer d'avoir beaucoup vu, pourvu qu'on ait vu ma phraséologie; mais il importe de l'avoir bien vue : il ne faut donc pas être aveugle.

J'ai lu quelque part que le célèbre Vaucanson, dont, comme chacun sait, le fameux canard-mécanique mangeait, digérait et barbotait tout aussi bien qu'un canard naturel; j'ai lu, dis-je, qu'indépendamment de cette merveille, Vaucanson avait encore terminé un *connaisseur-*

critique-d'art qui, s'il ne digérait pas aussi facilement que son canard, barbotait du moins avec la même perfection : c'était, comme on voit, un autre chef-d'œuvre presque vivant, un *connaisseur-critique* aussi parfaitement rendu au naturel que le canard. Dans la suite, après la mort de Vaucanson, il se serait même, paraît-il, émancipé au point de se faire décorer d'une foule d'ordres étrangers, et de jouir de la plus magnifique considération comme connaisseur et comme critique : bref, personne ne se serait jamais avisé de le prendre, de le reconnaître pour ce qu'il était réellement, uniquement, pour un automate. — Mais je ne crois qu'en partie cette histoire.

Si l'art du connaisseur ne consiste qu'en phrases, il ne faudrait cependant pas regarder avec mépris une science dont les phrases seraient le seul fondement : une bonne phrase est incontestablement chose précieuse. Rien ne me serait plus facile que de faire ici défiler les arguments victorieux à la louange des bonnes phrases; je me bornerai à citer cette sentence d'un critique qui fait autorité en Allemagne, du très-honorable juge-de-paix Robert Schaal : « De bonnes phrases sont et furent assurément de tout temps fort recommandables. »

Quelques mots maintenant sur la manière de se servir de cette phraséologie.

Elle renferme des phrases de toute sorte, phrases avec jugements et phrases sans jugements ; jugements avec louange et blâme, comme aussi sans blâme ni louange: pures critiques, critiques mitigées ; purs éloges, éloges mitigés ; tantôt avec développements et commentaires, tantôt à l'état concret ; ici sous la forme d'impressions, là sous l'air plus candide et plus ému de sentiments. Bref, on en trouvera pour toutes les situations, pour tous les besoins et pour tous les goûts.

J'avais d'abord songé à les grouper par catégories, avec étiquettes spéciales : le sac de la louange, le sac de la critique, etc., de manière qu'on n'aurait eu qu'à puiser dans chaque sac suivant son humeur présente; mais, après mûre réflexion, j'ai pensé qu'il conviendrait mieux de laisser à la sagacité du connaisseur, qui sans cela s'endormirait peut-être trop, le soin de chercher et de trouver dans ce trésor de phrases toutes faites, d'appréciations plus ou moins stéréotypées, l'arme, la formule, le stylet ou la palme qu'il lui plaira chaque fois d'employer. On me tiendra compte, j'espère, de ce sacrifice imposé à mon érudition, qui aurait pu profiter de la circonstance pour établir ici, selon le respectable et solennel usage, un certain nombre de divisions scientifiques par classes.

Un conseil en finissant. Comme il paraîtra certainement très-difficile à la plus grande majorité des personnes d'apprendre ces phrases par cœur, fut-ce même partiellement, on pourrait les faire imprimer sous forme de devises dont on envelopperait des bonbons, et ces bonbons seraient d'un secours merveilleux pour faire passer le tout : grâce à ce nouveau mode de mettre en pratique la sage maxime qui prescrit de mêler l'utile à l'agréable *(utile dulci)*, on arriverait tout doucement et sans effort pénible à digérer mes pilules esthétiques, c'est-à-dire ces phrases indispensables à l'épanouissement du connaisseur. Mais il est temps d'ouvrir ma boîte de Pandore.

VII

Phraséologie du connaisseur

— 1. — « Ce tableau est vraiment délicieux. »

Remarque : Cette manière de formuler un éloge a son avantage. Supposons, en effet, qu'au moment où vous l'exprimez, un autre connaisseur se trouve dans le voisinage, et qu'il proteste contre un jugement aussi louangeur (on peut croire alors que le personnage possède plus d'autorité comme connaisseur, ou plus d'argent comme homme), il reste alors un double moyen de se tirer d'affaire : on peut dire, par exemple, qu'on faisait allusion à un autre tableau pendu à proximité, ce qui est toujours un faux-fuyant excellent à l'usage des connaisseurs dans l'embarras; ou bien encore on paie d'audace, et l'on explique de l'air le plus indifférent que c'est par ironie qu'on a fait fumer cet encens au nez d'un si mauvais peintre, — et l'ironie est encore une arme qui sauve admirablement son homme en pareil cas. Règle générale et soit dit une fois pour toutes, on fera toujours mieux, plus habilement, de louer dans l'ensemble un tableau, que de le blâmer. Si un autre connaisseur se rencontre par hasard pour y contredire, on a toujours la ressource de sortir du mauvais pas, soit par l'artifice que je viens d'indiquer, soit en n'approuvant fort certains détails que pour mieux critiquer ensuite le reste. On peut aussi vanter la poésie de l'invention ou de la composition en général; ou bien enfin, ce qui, dans ces derniers temps, a été assez exploité, on prend un détour, et, on se rabat, pour y applaudir, sur les intentions politiques de l'auteur. il peut d'ailleurs arriver qu'à votre insu l'artiste

se trouve près de vous quand vous vous pro-
noncez ainsi sur son œuvre, et, dans cette
hypothèse encore, la psychologie et la morale
réunissent leurs motifs pour prouver que la
louange est plus sûre et meilleure que le déni-
grement.

— 2. — « Ce tableau est fort mauvais. »

Remarque : A-t-on réellement envie de dire
du mal d'un tableau, il est toujours aisé d'at-
teindre ce but. Sa critique rencontre-t-elle un
contradicteur, un habile homme saura bien
trouver un expédient. Il y a, au surplus, des
procédés très-ingénieux et souverains pour
persister dans une première critique, en s'é-
tayant, par exemple, de motifs de la force de
celui-ci : « On aura beau dire, ce n'est certainement pas aux divines créations de Raphaël
que l'on pourrait vouloir sérieusement com-
parer une pareille peinture, etc. »

— 3. — « Plus on contemple ce tableau, plus
on en doit admirer l'énergie, le dessin net et
ferme, l'harmonieuse et chaude couleur. »

— 4. — « A propos de cette toile, on ne peut que répéter exactement ce qui a été dit au sujet de la précédente. »

Remarque : On ne saurait trop recommmander l'emploi de cette formule, quand on n'a rien de particulier à dire. On peut d'ailleurs lui donner une variante, celle-ci, par exemple :

— 5. — « A propos de cette toile, on ne peut que dire exactement le contraire de ce qui a été dit au sujet de la précédente. »

Remarque : A l'aide de ces deux phrases, si on sait adroitement y introduire certaines nuances, on pourrait, au besoin, passer en revue toute une exposition ; seulement, il serait alors essentiel (qu'on ne l'oublie pas) de commencer invariablement non pas par le *premier* tableau, mais par le *second*.

— 6. — Dans ce portrait d'une dame âgée, le peintre s'est montré portraitiste habile. La tête est admirablement modelée, la carnation d'une vérité saisissante, bien qu'il y ait sur les joues excès de couleur rose et qu'en revanche le nez soit un peu trop violet. La dame étant borgne, sachons gré au peintre de l'heureuse idée qu'il a eue de dissimuler l'œil absent par une boucle de cheveux qui se déroule. Mais ce qu'il faut louer avant tout, c'est l'inclinaison vraiment raphaëlesque de la tête.

— 7. — Ce tableau rappelle très-agréablement certains chefs-d'œuvre de l'école hollandaise, en cela surtout qu'il est peint sur cuivre.

— 8. — L'ordonnance de ce tableau est parfaite; les personnages en sont habilement groupés; on ne peut s'empêcher de remarquer le fini des têtes. Il y a là, en outre, une couleur chaude et transparente, un dessin correct. Mais en dépit de tous ses mérites, ce tableau ne dit rien, parce qu'il y manque une idée.

— 9. — Ce paysage n'est à proprement parler qu'une *Vue*.

— 10. — Dans l'ensemble, on pourrait peut-être souhaiter à cette petite toile un ton plus clair; mais, si l'on entre dans le détail, il y a lieu d'y signaler la beauté limpide des eaux, ainsi que le *ton* réussi des montagnes qui se dressent au milieu, dans le fond.

Remarque : le mot *ton* exprime le caractère plus saillant d'une couleur particulière dans l'ensemble d'un tableau. On parle du ton d'un tableau, lorsqu'une couleur y domine.

— 11. — On ne saurait trop conseiller à cet artiste l'étude : des bons coloristes, de l'antique, de la nature.

— 12. — Le coloris brillant et glacé de cette toile ne peut être que le résultat de nombreuses retouches.

— 13. — Le motif de cette délicate composition a beaucoup d'analogie avec le sujet d'un tableau d'Andrea del Sarto, précieusement conservé dans l'église Saint-Jacob Hors des Fossés, à Florence. Sauf de très-rares exceptions, il est indispensable d'avoir été en Italie, pour, etc.

— 14. — Le portrait vivant d'un officier supérieur en galant uniforme de hussard ! Les délicats ornements du riche uniforme ont été traités avec beaucoup d'esprit.

— 15. — L'un des trop rares bons paysages de composition qui figurent à l'exposition actuelle! — plutôt dans le style de Claude que dans celui du Poussin. Le motif principal de cet ouvrage est tiré de.... Les masses se détachent nettement; les lignes sont agréables à l'œil et le reposent. Les ombres de quelques nuages suspendus entre ciel et terre occasionnent d'heureux contrastes de lumière et d'ombre.

— 16. — Ce ne sera que par une étude longue et incessante de la nature que l'auteur de ce tableau pourra toucher enfin le but où il semble viser.

— 17. — Cette tête a été accrochée là dans les conditions les plus défavorables.

— 18. — Les ombres de ce portrait ne seraient-elles pas un peu trop bleues.

— 19. — Une jolie pensée et qui fait beaucoup d'honneur à celui qui l'a trouvée! Ajoutons qu'elle a été magistralement rendue.

— 20. — Ce tableau est encombré de figures

qui se gênent les unes les autres, et qui empêchent le spectateur d'en voir aucune distinctement.

— 21. — Par cette page, l'artiste a **démontré victorieusement** que le graveur n'est pas **interné sans retour** dans l'empire des formes, et que le royaume des tons et de leurs harmonies peut également s'ouvrir pour lui : sans devenir blanc et métallique (les tailles ont leurs secrets), il a su rendre son clair-obscur lumineux et donner de la vigueur aux ombres.

Remarque : Les *tailles* sont les lignes juxtaposées au moyen desquelles le graveur produit et gradue les ombres.

— 22. — Dans ce tableau, l'artiste **réunit** l'énergie et la grâce fondante de la couleur, le moelleux, la bravoure et la légèreté du pinceau. Son œuvre se recommande en outre par une composition pleine de goût, non moins que par une distribution fort intelligente de la lumière et du clair-obscur.

Remarque : Moelleux, bravoure, légèreté,

sont des attributs que le pinceau affectionne tout particulièrement. On parle de la bravoure, de la hardiesse et de la légèreté d'un pinceau, de même que, dans un sens opposé, on dit un pinceau timide, inquiet, pour désigner une main peu sûre, et dont l'indécision trahit l'insuffisance de talent et de force. Sulzer dit du pinceau : « Dans un sens figuré, on se sert du mot pinceau pour exprimer une grande partie du travail qui constitue l'art pratique de la peinture, comme on désigne généralement l'art d'écrire par l'instrument manuel de l'écriture, par les mots de style (stylet) et de plume. C'est ainsi qu'au sujet d'un tableau dont l'énergie ou la grâce sera le caractère dominant, on dira : un pinceau énergique, un pinceau gracieux. »

— 23. — Bien que ce tableau révèle certaine puissance de création, un vif sentiment de l'art, il n'y a pas moins lieu de blâmer l'aspiration trop visible de l'auteur vers l'idéal, ce qui mène à l'indéfini, au manque de caractère. Cette toile laisse à désirer sous le rapport de la fermeté du dessin, de la vigueur des teintes et de ce que je nommerai l'expression physiologique et pathognomonique. Ce n'est jamais impunément que l'on néglige l'étude de la nature.

— 24. — Je m'abstiendrai de me prononcer ici sur le plus ou moins de ressemblance, car l'original m'est inconnu ; mais les moindres traits sont empreints d'un caractère si individuel, qu'on peut, sans crainte de se tromper, conclure à une ressemblance frappante. L'art pratique que dénote ce portrait mérite une mention élogieuse. La tête a été traitée avec un grand talent : elle est touchée d'un pinceau délicat, moelleux ; elle a de plus été très-bien modelée. Le ton des chairs est chaud, quoique tendre ; les cheveux sont convenablement nattés ; on ne saurait trop louer le vaporeux clair-obscur des narines. Le costume est d'un goût délicieux, et les reflets des blancs boutons de la robe ont été compris et rendus avec un sentiment parfait.

Remarque : Modeler c'est donner des contours arrondis à l'objet représenté !

— 25. — Ce tableau est exécuté avec non moins de goût que de talent, et il autorise à beaucoup attendre de son jeune auteur, qui voyage présentement en Italie, où, sur ma recommandation, notre prince, aussi généreux qu'ami éclairé des beaux-arts, a daigné lui donner les moyens de se rendre.

— 26. — Voilà une peinture à laquelle on ne saurait contester le mérite d'un dessin correct. Ajoutons que la composition en est à la fois ingénieuse et pyramidale; d'où résulte un tout harmonieux.

Remarque : La composition d'un tableau d'histoire doit, dans l'ensemble comme dans chaque groupe, affecter la forme d'une pyramide, ou tout au moins en approcher.

— 27. — L'étude approfondie de la nature, une application fervente à la rendre fidèlement, un sentiment très-vif de la couleur et de ses harmonies, telles sont les qualités rares qui recommandent ce tableau. Il est seulement à regretter que l'effet général en soit un peu compromis par un aussi vilain cadre.

— 28. — Une partie de bois rendue avec un sentiment réel de la nature sauvage ; les parties d'arbres sont librement et sûrement traitées.

— 29. — Vingt-cinq napoléons d'or pour cette toile, c'est beaucoup trop.

Remarque : Fixer un prix aux tableaux est encore une manie du connaisseur, ce qui n'ajoute ni n'enlève rien à leur valeur réelle. Mais notez ceci : si l'amateur veut vendre, il surfait ; s'il veut acheter, il rabaisse.

—30. — Un des rares tableaux d'histoire, et qui, par l'ordonnance non moins que par l'exécution, rappelle l'école florentine. Les figures sont bravement dessinées, les draperies exécutées avec simplicité et grandeur. Le Christ, d'une noble attitude, est plein d'expression. Il convient de louer le soin qu'a pris l'artiste de dédaigner les voies battues, comme le prouve son Christ, dont les cheveux sont taillés à la Titus. C'est évidemment un signe des efforts persévérants de cet éminent génie pour se frayer une route nouvelle. Saint Pierre est une création énergique; on pourrait néanmoins souhaiter à sa robe une couleur plus favorable. Saint Jean a l'air beaucop trop âgé; on n'a pas l'habitude de se le présenter muni d'une aussi longue barbe. Saint Marc laisse à désirer sous le rapport de la couleur locale. L'idée qu'a eue l'artiste de donner à Judas des boucles d'oreilles, paraît aussi ingénieuse que profondément psychologique. C'est à ces petits détails, c'est à des traits de cette sorte, qu'on reconnaît un artiste penseur.

Remarque : Le mot *école* est un des termes favoris du connaisseur. Sulzer dit à ce sujet : « On désigne par ce mot une succession d'artistes, ayant une origine commune en même temps qu'une communauté réelle de caractère dans le talent. En un sens plus direct et plus précis, on entend par *école* une suite de peintres qui se sont formés d'après les principes et les règles d'un seul maître, et qui sont, soit ses élèves immédiats, soit les élèves de ses élèves. »

— 31. — Les arbres se font remarquer par une variété heureuse de formes et de tons; les eaux sont claires et fluides, les rochers ne manquent pas de naturel; l'air et les lointains paraissent suffisamment chauds; chaque détail se détache de manière à produire un contraste pittoresque. On aurait pu toutefois traiter les premiers plans d'un pinceau plus gras, ce qui aurait donné à l'ensemble plus de relief.

— 32. — On se demande si c'est à la poésie de l'invention, ou bien au soin plein d'amour avec lequel il a été exécuté, qu'il faut attribuer le charme si attrayant de ce tableau. Bien que le pied gauche de devant du blanc palefroi soit un peu court, on ne peut s'empêcher d'admirer dans ce noble animal la délicatesse des tons, la rondeur du dessin, et la grâce soutenue du caractère.

— 33. — Ce portrait repousse par la rudesse

excessive des traits; la carnation manque de transparence, et, dans les ombres, la teinte azurée domine trop.

—34.—Ce tableau (une vivandière présente un verre d'eau-de-vie à un soldat) est un petit chef-d'œuvre de composition et d'exécution tout à la fois. Il révèle chez l'auteur une conception naturellement originale, développée par une étude approfondie de la nature. Cette toile produit une impression imposante. La lumière y est répartie avec une très-heureuse entente de l'effet. *Le dessin rappelle Michel-Ange.*

Remarque : Ne craignez pas d'exprimer cette analogie qui surprendra quelque peu ceux qui ont visité la chapelle Sixtine : il faut avoir le courage de ses opinions.

— 35. — L'arbre de devant ne manque pas de naturel et annonce une grande science de procédés. A l'horizon, de magnifiques parties de forêt, de nombreux édifices sur la crête des montagnes lointaines, et la mer, la sombre mer au fond, donnent à cette composition un caractère vraiment grandiose. La légèreté et le fondu des couleurs du premier plan méritent une mention spéciale. Malheureusement cet artiste laisse voir un penchant dangereux vers la manière.

Remarque : Manière — maniéré — maniériste. Voilà encore des mots qui se trouvent volontiers et qui font bien dans la bouche du connaisseur, lequel ne doit jamais les prononcer qu'avec un sentiment visible d'horreur. Manière est la façon particulière dont un artiste exprime la nature. S'il s'y complaît trop, il court risque de s'égarer dans un chemin funeste qui l'éloignera de plus en plus de la vérité. Il pourra même finir par s'en éloigner en toute innocence, au point de peindre le ciel vert et les arbres bleus.

— 36. — S'il convient d'applaudir à l'émulation d'un jeune artiste qui aborde hardiment le genre historique, ce courage n'est plus qu'une témérité ridicule, lorsque, comme c'est ici le cas, on n'a rien de ce qu'il faut pour réussir dans une telle entreprise. Ordonnance, composition, exécution, tout dans ce tableau doit être blâmé. Le sujet (Joseph et Suleika) offrait l'occasion de présenter le spectacle attrayant de deux formes jeunes et gracieuses. Mais l'artiste n'a nullement résolu ce problème. Sans faire de Suleika une coquette hollandaise comme celle qui étale ses charmes dans les eaux-fortes de Rembrandt, on pouvait lui donner une certaine expression passionnée, à l'exemple des peintres qui ont rendu précédemment la même scène, notamment Cignani dans ses admirables reproductions de la galerie de Dresde. L'épouse de Putiphar est devenue cette fois une grêle, maigre et rechignée personne, aux cheveux d'un blond vif, aux joues mélangées de pâleur et de rouge, au nez pointu. Devant un tel manque d'appas, on comprend que Joseph se soit hâté de fuir. Notons encore que les yeux de celle-ci sont bien plutôt fixés sur le manteau abandonné par Joseph que sur Joseph lui-même. De son côté, Joseph tient aussi ses regards attachés exclusivement sur le manteau, lequel se trouve être ainsi en réalité le centre principal de toute l'action. Joseph (une figure passablement charnue et bouffie, aux cheveux courts, plats et noirs, aux pieds fort mal dessinés), Joseph n'a rien de ce qu'on est en droit de demander à qui ferait semblable conquête; il se borne à regarder piteusement et mélancoliquement son manteau. Ce dernier, le manteau, est du plus splendide azur bordé du rouge le plus resplendissant. L'artiste semble avoir concentré la puissance de son talent dans la reproduction pompeuse de ce manteau, comme pour mieux motiver l'expression de regret que sa perte doit donner à Joseph. — Et il faut convenir que c'est là une idée aussi jolie qu'ingénieuse! En somme, on ne quitte pas la contemplation de cette scène sans emporter la pensée que Joseph pourrait bien avoir quelque peu failli, et que son manteau aura été le prix de sa faute, supposition que vient d'ailleurs confirmer l'air de convoitise satisfaite avec lequel Suleika regarde le vêtement resté entre ses mains.

— 37. — La lumière et l'air circulent légèrement à travers ces feuilles; les couleurs sont harmonieusement fondues, sans paraître léchées; les personnages, surtout ceux du côté gauche, sont bien groupés (il y a cependant un peu à redire au sujet des contorsions que font les raccourcis trop violentés de deux genoux et d'un bras). Bref, le tout vit, respire, se meut; les diverses parties s'agencent avec art, de manière à concourir à l'effet général. Nous ôtons d'autant plus volontiers notre chapeau devant ce bel ouvrage, qu'en sus de ses mérites d'invention et d'exécution, il contient une idée !

Remarque : Une idée — une idée ! Qu'entend-on par l'idée d'un tableau ?

VIII

L'idée d'un tableau

L'idée d'un tableau. Voilà l'une des trois paroles sacramentelles du connaisseur ! Ou je me trompe fort, ou l'idée d'une œuvre d'art quelconque n'est autre chose que le génie, que le diable au corps particulier de l'artiste, dont cette œuvre est pénétrée. L'idée est l'âme du tableau. Pour qu'un tableau ait une idée, il ne suffit pas, tant s'en faut, qu'il présente un enseignement, une morale, comme le font tant de peintres qui s'imaginent pouvoir suppléer ainsi à ce qui leur manque. En art, comme en tout, le proverbe a raison, qui dit qu'on ne peut pas donner ce qu'on n'a pas.

Un véritable artiste saura toujours mettre dans son œuvre, même la moins importante, fût-ce dans la plus légère esquisse, dans l'étude la plus improvisée, quelque chose qui nous attire, qui nous émeuve et qui nous charme ; et ce quelque chose, génie ou âme, c'est ce qu'il faut entendre par le mot idée.

Les bons peintres se sont bien rarement préoccupés de mettre un enseignement, une morale, dans leurs tableaux. Pourquoi nous plaisent tant les manants en goguette de Téniers, les corps de garde de Palamède, les mendiants de Murillo ? C'est que le génie de l'artiste, son humeur originale, s'échappent de ses toiles pour nous parler. A coup sûr, il n'y a ni grande et profonde poésie, ni enseignement moralisateur quelconque, dans un magot ivre que sa disgracieuse moitié ramène en grondant au logis, comme nous en montre si fréquemment David Téniers. Il ne faut pas davantage en chercher dans les soldats que Palamède aime à représenter le verre à la bouche, et quelque fille de joie fumant assise sur leurs genoux. Ne le demandez pas non plus aux mendiants en guenilles de Murillo : ce n'est certainement pas cela que vous y trouveriez !

Je sais bien qu'il n'est pas de sottises qu'on n'ait dites à ce sujet, et je n'ai pas la candeur de prétendre devenir sous ce rapport une exception. De grands et graves connaisseurs, je ne l'ignore pas, des professeurs d'esthétique aussi vénérables qu'éminents, je dois en convenir, sont ainsi parvenus à découvrir une morale, un enseignement pratique dans les scènes les plus grivoises : d'après eux, David Téniers, par exemple, n'aurait mis en action ses ivrognes que pour nous dégoûter de boire, aussi long-temps du moins que nous n'aurons pas une femme pour nous ramener au logis. Voilà ce-pendant où la vertu conduit les théoriciens et les commentateurs !

Qu'est-ce qui nous saisit si vivement dans ces vigoureuses eaux-fortes de Rembrandt, dans ces imaginations légères et souvent si spirituelles de la lithographie française? Qu'est-ce qui nous charme dans les délicieux tableaux de genre de Meissonnier, de Gérome, et de tant d'autres modernes? Le génie, encore une fois le seul génie de l'artiste, le génie qui s'échappe de son œuvre pour nous parler.

De même en poésie. Pourquoi ce prestige, cet enchantement caché dans maint petit *Lied* de Gœthe? On ne peut pas dire qu'il y ait là quelque pensée particulièrement grande ou sublime, quelque idée nouvelle, quelque sentiment inconnu jusqu'alors. Eh bien, placez à côté certains *Lieders* semblables, dont les auteurs sont également décorés du nom de poètes! Quelle sera la différence? En quoi consiste et d'où provient la différence? Pourquoi ceci est-il bon et cela mauvais?

Je me souviens qu'un jour (il pleuvait et je n'avais pas de parapluie) j'entrai au collége de France. Le professeur indiquait en ce moment tout ce qui doit concourir à la formation d'un

bon poème, c'est-à-dire le choix du sujet, la
construction et la cadence des vers, la nécessité
des césures, l'habileté des coupures et des re-
jets, l'inspiration, les tropes, etc., si bien que
cette énumération terminée, tout le monde se
croyait désormais en mesure de faire un bon
poème. — Mais ce n'est pas tout, ajouta l'il-
lustre professeur, il faut encore un ingrédient,
un ingrédient tout-à-fait indispensable, un ingrédient qui ne se laisse pas définir, et que
l'on nomme le génie. Et c'est le génie, cet ingrédient qui ne se laisse pas définir, ce quelque
chose dont on cherche en vain le nom, c'est
justement cela qui est l'âme du tableau et du
poème ; c'est justement cela qui sépare l'émi-
nente œuvre d'art, la véritable œuvre d'art, en
un mot, de l'œuvre d'art médiocre, ou, pour
mieux dire, de ce qui ne mérite pas le nom
d'œuvre d'art. Il y a des tableaux bien peints,
d'une composition et d'une exécution conve-
nables, d'un dessin tout-à-fait correct ; ces tableaux rencontrent aussi des amateurs. Il y a

des poëmes dans des conditions parfaitement analogues : aux uns comme aux autres il ne manque que le génie.

Je ne sais si je me suis fait comprendre; et, à parler franc, cela m'importe assez peu, car après tout il n'est pas nécessaire que le connaisseur sache en quoi consiste l'idée d'un tableau, pourvu qu'il en parle !

Rien ne me serait plus facile que de multiplier ici ces formules; mais comme elles ont toutes été puisées aux bonnes sources, je me crois autorisé à penser que celles qui précèdent doivent suffire, à la condition, je le répète, qu'on ne soit pas aveugle.

FIN.

TABLE DES MATIÈRES

—

10,099 — Abbeville, imp. R. Housse, rue Saint-Gilles, 106